ALS DIE MAUER STAND

Vorwort

Berlin war 28 Jahre lang geteilt. Eine Mauer trennte die östliche von der westlichen Hälfte. Wer über diese Mauer kletterte, der wurde erschossen. Heute ist von der Teilung fast nichts mehr zu sehen. Nur an wenigen Orten in Berlin wird noch an die Mauer und an die Teilung der Stadt erinnert.

»Die Mauer war immer wie ein Schnitt in meinem Herzen«, sagte der berühmte Cellist Mstislaw Rostropowitsch. Diese Wunde in den Herzen vieler Menschen ist nun – mehr als zwanzig Jahre nach dem Fall der Mauer – geheilt. Trotzdem dürfen wir die Mauer nicht vergessen. Dass Berlin heute wieder eine vereinte Stadt ist, dass wir hier in Freiheit leben, das verdanken wir zahlreichen mutigen Menschen, die dafür gekämpft haben. Viele von ihnen haben ihr Leben für die Freiheit riskiert. Von ihnen und von der Berliner Mauer erzählen die Bilder und Texte in diesem Buch.

ALS DIE MAUER STAND

Die Geschichte der Teilung Berlins

erzählt von Magdalena und Gunnar Schupelius
mit Illustrationen von Beate Bittner

BERLIN STORY VERLAG

Die Sonne scheint. Grün schimmernd fließt das Wasser der Spree. Es ist etwa 16.00 Uhr am Nachmittag, als Günter Litfin am Spreeufer entlang läuft.

»Stehenbleiben!«, brüllt jemand. Die Grenzsoldaten auf der Eisenbahnbrücke haben ihn entdeckt. Günter Litfin läuft trotzdem weiter, erreicht das Ufer, wirft sich ins Wasser und schwimmt. Es kracht. Schüsse fallen. Günter Litfin reißt die Arme aus dem Wasser, er tritt mit den Beinen, fassungslos und panisch. Wollen die ihn etwa wirklich umbringen? Noch einmal nimmt er alle Kraft zusammen und versucht zu schwimmen. Das West-Berliner Ufer ist ganz nah. Wieder kracht ein Schuss. Tödlich getroffen versinkt Günter Litfin im Wasser.

Auf dem anderen Ufer hat sich eine Menschenmenge versammelt. Die Leute trauen ihren Augen nicht. Nur wenige Meter von ihnen entfernt wird ein junger Mann erschossen. Sie schreien, rufen, drohen – aber sie können nichts tun. Sie müssen zusehen, wie Günter Litfin im Wasser untergeht. Die Taucher der Ost-Berliner Feuerwehr ziehen seinen Leichnam erst nach Stunden aus dem Wasser. Günter Litfin war kein Draufgänger. Er war auch kein Revolverheld. Und erst recht kein Verbrecher.

Günter Litfin war 1937 in Berlin geboren worden. Als Kind erlebte er den Zweiten Weltkrieg, dann die Befreiung Deutschlands. Nach der Schule machte Günter eine Ausbildung zum Schneider. Später arbeitete er in der Nähe vom Bahnhof Zoo. Sein Traum war es, Kostümschneider am Theater zu werden. Unter seinen Kunden waren berühmte Schauspieler – Heinz Rühmann zum Beispiel. Jeden Tag fuhr Günter von der Wohnung seiner Eltern in Weissensee nach Charlottenburg zur Arbeit. Immer wieder überlegte er, ganz nach Charlottenburg zu ziehen, aber er wollte seine Mutter und die Brüder nicht allein lassen. Der Vater war erst vor wenigen Monaten gestorben, Günter hatte bis zum Schluss geholfen, ihn zu pflegen.

Was war geschehen?

Günter Litfin wurde am 24. August 1961 erschossen. Mitten in Berlin, im Humboldthafen hinter der Charité. Und das nur, weil er nach Charlottenburg wollte. Dort lag ja seine Arbeitsstelle.

Heute können wir uns das nicht mehr vorstellen. Wenn wir in Berlin sind und im Prenzlauer Berg einkaufen gehen, dann können wir anschließend nach Zehlendorf fahren, wenn wir wollen. Oder nach Charlottenburg. Wir müssen nur in die S-Bahn steigen oder in die U-Bahn oder in den Bus. Wir können auch laufen oder mit dem Fahrrad fahren oder mit dem Auto. Wir können unsere Großeltern in Friedrichshain besuchen und selbst in Steglitz wohnen. Wir können in Pankow leben und in Moabit zur Schule gehen. Wir sind frei – und das finden wir ganz normal. Aber noch vor wenigen Jahren sind in unserer Stadt, in Berlin, Menschen genau dafür gestorben: weil sie frei sein wollten.

»DIE MENSCHEN SEHEN ERSCHÖPFT UND HUNGRIG AUS.«

Berlin 1945. Eine Stadt am Boden.

Der Krieg hatte aus der lebendigen und schillernden Stadt Berlin, in der Günter Litfin aufgewachsen war, eine graue Wüste gemacht. Ruinen ragten in den Himmel. Ein sowjetischer Offizier berichtete: »In Berlin irren viele Frauen und Kinder durch die Straßen. Die Menschen sehen erschöpft und hungrig aus.« So unendliches Leid war in den vergangenen Jahren geschehen. So viele Menschen waren tot, verletzt, verzweifelt. Unzählige Kinder hatten ihre Väter verloren. Mütter trauerten um die Kinder, die bei Bombenangriffen ums Leben gekommen waren. Nur langsam und zaghaft begann das Leben wieder nach dem Krieg, nach der Schreckensherrschaft der Nationalsozialisten, die so unsagbar Böses in Deutschland möglich gemacht hatten.

Es gab wenig zu essen. Viele Berliner waren den ganzen Tag mit Handwagen unterwegs auf der Suche nach Nahrungsmitteln. Die Leute tauschten: Einen Hammer gegen ein Stück Brot. Schnürsenkel gegen einen Apfel. Bald hatten sich regelrechte Marktplätze herausgebildet, auf denen die Leute zusammenkamen, um zu tauschen.

Besonders schlimm wurde es im Winter 1946. Es war furchtbar kalt und es gab nicht genug Holz und Kohle zum Heizen. Außerdem fehlte es immer noch an Lebensmitteln. Die Berliner wurden richtige Erfinder in dieser Zeit: Sie kochten Babymilch aus Kartoffeln. Waschmittel stellten sie aus Kastanien her. Aus Autoreifen schnitten sie Schuhsohlen. Trotzdem reichte es nicht. Oft hatten Geschwister zusammen nur ein Paar Schuhe. Im Winter konnte dann immer nur einer zur Schule gehen, der andere musste zuhause warten, bis er an der Reihe war, die Schuhe anzuziehen.

Als der Winter vorbei war, froren die Menschen zwar nicht mehr so furchtbar, aber hungrig waren sie im-

mer noch. Also bauten sie unter Straßenbäumen, in Parks und auf den Wiesen vor dem Reichstag und dem Brandenburger Tor Kartoffeln an.

Die Kinder hatten es etwas besser als die Erwachsenen, vorausgesetzt, sie hatten gerade ein paar Schuhe, um in die Schule zu gehen. Dort nämlich bekamen sie die Schulspeisung. Das war zwar eine einfache Mahlzeit, doch stillte sie den größten Hunger. Manche hoben sich sogar Teile der Schulspeisung auf und tauschten sie später gegen etwas anderes ein. Eine Schülerin sparte sich 60 Brötchen zusammen und tauschte sie gegen ein Cello.

Nach dem Krieg teilten die Staaten, die Deutschland von der Herrschaft der Nationalsozialisten befreit und die deutsche Armee im Zweiten Weltkrieg besiegt hatten, das Land unter sich auf.

Währenddessen trafen sich die Regierungen der Staaten, die Deutschland von den Nationalsozialisten befreit hatten, und überlegten, wie es mit Deutschland weitergehen sollte: Die Vereinigten Staaten von Amerika, die Sowjetunion, England und Frankreich schickten Vertreter nach Deutschland. Das Land wurde aufgeteilt, jeder der vier Staaten war von nun an für einen Teil Deutschlands zuständig. Berlin lag in dem Teil Deutschlands, für den die Sowjetunion zuständig sein sollte, in Ostdeutschland. Weil Berlin aber die Hauptstadt war, wurde die Stadt noch einmal extra aufgeteilt: Auch in Berlin gab es nun einen Teil, den die Franzosen, einen, den die Engländer und einen den die Amerikaner verwalteten – und natürlich einen, in dem die Sowjets bestimmten. Diese Teile der Stadt nannte man Sektoren. Obwohl es

Im Viermächteabkommen einigten sich die USA, Frankreich und England mit den Sowjets darauf, dass Berlin in der Verwaltung aller vier Mächte bleiben sollte und vom Westen Deutschlands erreichbar blieb.

Berlin lag mitten in der sowjetischen Zone

Es gab in Deutschland eine französische, eine englische, eine amerikanische und eine sowjetische Zone. Amerika, England, Frankreich und die Sowjetunion schickten auch Vertreter in den Alliierten Kontrollrat. Dieser Rat war in Deutschland nach dem Zweiten Weltkrieg die vorläufige Regierung. Er durfte auch Gesetze beschließen. In Berlin gab es die Alliierte Kommandantur, sie war dem Alliierten Kontrollrat unterstellt.

ja eigentlich vier Sektoren gab in Berlin, zerfiel die Stadt bald schon in zwei Teile, einen sowjetischen und einen West-Teil, der aus den Sektoren der Amerikaner, Engländer und Franzosen bestand. Die Sowjetunion wollte nicht, dass sich die Berliner eine Regierung wählen. Amerikaner, Briten und Franzosen aber verlangten freie Wahlen. Eine Einigung gab es nicht und die Sowjets begannen nun, im Ost-Teil Berlins alles selbst zu bestimmen.

Bald schon zeigte sich in vielen kleinen Bereichen des Alltags, dass Berlin eine geteilte Stadt war: Als die Kinder wieder zur Schule gingen, freuten sich alle Eltern und auch die Schüler ganz außerordentlich. Schließlich wollten die Kinder gerne wieder etwas lernen und lange Zeit hatte kein richtiger Unterricht stattfinden können. Trotzdem gab es gleich Streit. Die Sowjets wollten Schulen, in denen

Frauen mussten nach dem Krieg den Wiederaufbau zunächst fast allein bewältigen. Viele Männer hatten als Soldaten den Krieg nicht überlebt.

Allein in Berlin arbeiteten etwa 60.000 Frauen als »Trümmerfrauen«. Sie mussten die Trümmerberge abtragen. Dazu bildeten sie Ketten. Eine reichte den Eimer mit Schutt und Steinen weiter an die nächste. Gut erhaltene Steine wurden gesäubert und für den Bau neuer Häuser zur Seite gelegt.
Als Lohn bekamen sie Lebensmittelkarten, mit denen sie etwas mehr zu essen bekamen, und einen Stundenlohn von weniger als einer Mark.

Lehrer nur lehren durften, was die Regierungen ihnen erlaubte. Die westlichen Alliierten wollten das nicht. Also gab es von nun an zwei Schulsysteme in Berlin. Ähnlich war es an den Universitäten. Die Amerikaner gründeten im West-Teil eine neue Universität, die Freie Universität, nachdem die Sowjets die Professoren und Studenten, die sich ihnen nicht unterordnen wollten, von der alten Universität vertrieben hatten.

So hatte Berlin also zwei Universitäten und zwei Schulsysteme: Und bald gab es auch zwei Zoos. Außerdem hatte jeder Teil der Stadt seine eigenen Theater, seine eigenen Orchester und – seine eigenen Gesetze.

Das war ganz schön schwierig für die Berliner! Bisher war es vollkommen egal gewesen, ob sie in Mitte oder in Charlottenburg, in Kreuzberg oder in Pankow wohnten – jetzt war das auf einmal ganz wichtig. Wie Günter Litfin arbeiteten viele in den westlichen Sektoren, wohnten aber im Ost-Sektor, dem sowjetischen Sektor. Bei anderen war es umgekehrt. Im übrigen Deutschland waren die Zonengrenzen zwischen dem sowjetischen Teil und den Zonen der Amerikaner, Engländer und Franzosen schon gesichert wie eine normale Landesgrenze. Wer auf die andere Seite wollte, der wurde kontrolliert. In Berlin ging das zum Glück noch etwas einfacher. Zwar gab es auch hier Kontrollen, aber mit den S-Bahnen konnten die Berliner noch ganz gut zwischen dem sowjetischen Sektor und dem der West-Alliierten hin- und herfahren. Trotzdem war die Lage sehr ungewöhnlich: Mitten in der Stadt verlief nun eine Grenze. Das hatte den Berlinern gerade noch gefehlt – Sorgen hatten sie nämlich auch so schon genug.

Wilhelm Pieck und Otto Grotewohl geben sich am Gründungstag die Hand. Dieser Händedruck wurde zum Symbol der SED.

Die Sowjets wollten in ihrer Zone eine starke Arbeiterpartei. Also kam es 1946 zur Zwangsvereinigung von SPD und KPD zur Sozialistischen Einheitspartei Deutschlands. Viele SPD-Mitglieder protestierten dagegen und wurden deshalb ins Gefängnis gesperrt. Bald schon kontrollierte die SED alle gesellschaftlichen und politischen Bereiche in der DDR.

Während die Berliner tauschten, die Schulkinder lernten, während der Zoo, Wohnungen, Büros, Schwimmhallen, Bibliotheken und Geschäfte langsam wieder aufgebaut wurden, währenddessen verstanden sich die Sowjets und die westlichen Alliierten immer weniger. Es war nämlich eine Menge passiert: Berlin hatte einen neuen Bürgermeister bekommen, Ernst Reuter. Er gehörte zur SPD und war von der Stadtverordnetenversammlung, der frei gewählten Vertretung der Berliner, gewählt worden – für ganz Berlin. Nur leider wollten die Sowjets Ernst Reuter nicht als Bürgermeister. Sie hatten selbst eine Partei für Deutschland gegründet, die SED, die Sozialistische Einheitspartei. Und diese Partei, so fanden sie, sollten die Berliner wählen.

Die Berliner fanden das aber nicht. Bei den ersten freien Wahlen, die in Berlin nach dem Ende des Krieges stattfanden, bekam die SED weniger Stimmen, als sie erwartet hatte. Darüber ärgerten sich die Führer der Partei so sehr, dass sie jede Mitarbeit im Stadtparlament verweigerten. Schließlich, im Juni 1948, schickten die SED-Führer ein paar starke Männer in die Stadtverordnetenversammlung, die Abgeordnete anderer Parteien verprügelten. Das ging nun doch zu weit. Die SPD unter ihrem Vorsitzenden Otto Suhr schlug vor, in das Rathaus Schöneberg im Westteil Berlins umzuziehen. Bisher hatten sie nämlich alle zusammen im Alten Stadthaus am Molkenmarkt in Mitte getagt, also im Sektor der Sowjets. Die SED zog nicht mit nach Schöneberg. Der Spalt zwischen den beiden Stadthälften war noch ein bisschen größer geworden.

Der West-Berliner Bürgermeister Ernst Reuter war für viele Menschen in der Stadt ein Vorbild. Immer wieder hielt er Reden und machte den Menschen Mut.

Seine berühmteste Rede hielt Ernst Reuter im September 1948 vor dem Reichstagsgebäude. Darin forderte er die Regierungen der freien Länder in der Welt auf, Berlin nicht im Stich zu lassen. *»Völker der Welt, schaut auf diese Stadt!«*, rief er. Und tatsächlich schauten die Völker – und halfen. Die Niederlande schickten Zucker, Schokolade, Käse und Butter. Amerikaner schickten Medikamente. Nordrhein-Westfalen schenkte Berlin 100.000 Tonnen Kohle. Die wurde nicht nur zum Heizen, sondern vor allem zur Erzeugung von Strom gebraucht.
Warum die anderen Länder helfen mussten, erfahrt ihr im nächsten Kapitel.

SEKTORENSTADT BERLIN

Berlin wurde als Hauptstadt nach dem Krieg in vier Sektoren aufgeteilt: einen amerikanischen, einen englischen, einen französischen und einen sowjetischen Sektor. Amerikaner, Engländer und Franzosen bildeten aus ihren Sektoren den Westteil.

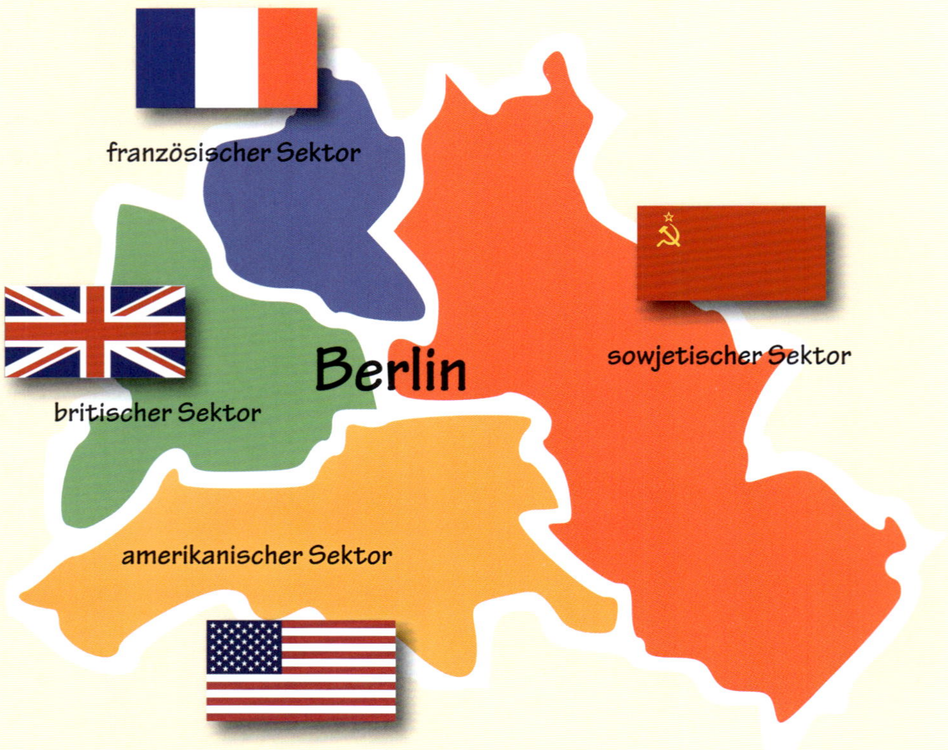

»SCHAUT AUF DIESE STADT!«

Neues Geld, Blockade und Luftbrücke

In dem Jahr, in dem die Abgeordneten verprügelt wurden, in dem Jahr passierte noch etwas. Die Westdeutschen, also die Deutschen, die in den Zonen der Amerikaner, Engländer und Franzosen lebten, bekamen neues Geld. Es war wie ein Wunder! Nachdem sie drei Jahre lang nur tauschen konnten, weil die alte Reichsmark fast nichts mehr wert war, wurde endlich wieder neues Geld eingeführt! Die Menschen mussten sich keine Tauschpartner mehr suchen, sie konnten einkaufen, wann, wo und bei wem sie wollten, sie konnten sparen. Wer arbeitete, bekam seinen Lohn nicht mehr als Gutschein ausgezahlt, als Lebensmittelmarke, sondern in Geld. Jeder Deutsche in den Zonen der West-Alliierten bekam zunächst 40 Deutsche Mark, später dann noch einmal 20. Das war der Anfang. Und dann ging es weiter: Die Kaufleute richteten ihre Läden ein und besorgten sich Lebensmittel, die sie verkauften. Die schlimmste Not war vorüber.

Eine Brotkarte aus dem Juni 1945. Die brauchte man nun nicht mehr.

Hitler hatte viel Geld drucken lassen, um die vielen Waffen für seinen Krieg zu bezahlen. Nach dem Krieg gab es viel Geld, aber nichts, was man dafür kaufen konnte. Das Geld war nichts wert. Nach der Währungsreform bekamen alle Menschen in den Westzonen für 60 alte Reichsmark 40 neue D-Mark. Nun gab es etwas weniger Geld, aber das war dafür etwas wert! Und schon bald konnten die Menschen vieles wieder kaufen, was es lange Zeit nicht gegeben hatte.

Den Sowjets war das nicht recht. Sie hatten der Einführung des neuen Geldes nicht zugestimmt und ärgerten sich furchtbar. Sie führten in ihrer Besatzungszone und in Ost-Berlin ebenfalls neues Geld ein. Sie nannten es »Deutsche Mark der Deutschen Notenbank« und verlangten, dass es auch im Westen Berlins gelten sollte. Gleichzeitig verboten sie, dass in Ost-Berlin mit dem neuen

Geld aus dem Westen bezahlt werden durfte. Wer mit Westmark erwischt wurde, der wurde verhaftet. Leider wollten die West-Berliner das neue Geld aus dem Osten gar nicht haben und baten die Westmächte um das Westgeld, die Deutsche Mark. Also wurde die D-Mark in West-Berlin eingeführt. Das ging den Sowjets nun aber entschieden zu weit. Sie wurden wütend und blockierten die Autobahn zwischen Westdeutschland und Berlin. Angeblich weil sie repariert werden müsse. Nun konnten Lastwagen mit wichtigen Waren nicht mehr nach Berlin gelangen. Und es kam noch schlimmer: Die Sowjets stellten Soldaten mit Panzern auf alle Straßen und Schienen, die nach Berlin führten. Auch die Flüsse und Kanäle

wurden gesperrt. Sie blockierten West-Berlin. Das konnten sie tun, denn Berlin lag ja mitten in ihrer Besatzungszone.

Nun konnte niemand mehr nach Berlin hineinfahren. Und es konnte keiner mehr heraus. Die West-Berliner waren eingesperrt! Auch Lebensmittel, Holz, Kohlen, alles, was die Menschen in der Stadt so dringend brauchten, konnte nicht mehr nach Berlin transportiert werden. Berlin lag wie eine Insel in der sowjetischen Zone und hatte deshalb kaum Umland, wo Getreide, Obst und Gemüse angebaut werden konnten. Über zwei Millionen Menschen lebten damals in der Stadt. Ohne die Lieferungen aus Westdeutschland, aus den übrigen Besatzungszonen der Amerikaner, der Franzosen und Engländer mussten sie verhungern. Die Berliner waren wie gelähmt vor Angst. Was, wenn die Amerikaner und Engländer nun ihrerseits Panzer auffuhren? Würde es wieder einen Krieg geben? Oder würden die Amerikaner, Engländer und Franzosen Berlin aufgeben und den Sowjets ganz überlassen?

Die West-Berliner hatten Glück. Die Amerikaner ließen Berlin nicht im Stich. Einige führende Generäle der Amerikaner meinten, man solle die Russen angreifen. Aber der amerikanische Präsident Harry S. Truman lehnte ab. Er wollte keinen weiteren Krieg. Tatsächlich hatten die Engländer und Amerikaner eine viel bessere Idee: Gemeinsam beschlossen sie, eine Luftbrücke zu bauen. Fahren konnte man nach Berlin nicht mehr – aber fliegen!

Am 26. Juni 1948 startete die »Operation Vittles«, so wurde die Luftbrücke zwischen den Westzonen Deutschlands und den Westsektoren Berlins genannt. Und eine Brücke war es: Flugzeuge bildeten diese Brücke, über die Waren nach Berlin gebracht werden konnten! Der amerikanische Militärgouverneur General Lucius D. Clay, der in Berlin die wichtigen Entscheidungen traf, befahl, so viele Flugzeuge wie möglich zu schicken.

DIE LUFTBRÜCKE

278.228 Flüge

1,440 Millionen Tonnen Kohle
490.000 Tonnen Nahrungsmittel
160.000 Tonnen Baustoffe
= 2,11 Millionen Tonnen Fracht

1 Tonne = 1 Ein Kleinwagen wiegt ungefähr eine Tonne.

Der ehemalige Flughafen in Gatow ist heute ein Museum.

Sie brachten zunächst das Allernötigste: Milchpulver und Mehl. Und dann wurden es immer mehr Flugzeuge. Und mehr und mehr. Auch die englische Luftwaffe, die Royal Air Force, setzte nun ihre Flugzeuge ein und half. Die Amerikaner holten ihre besten Flugzeuge nach Deutschland, vor allem die »Skymaster«. Dieses Flugzeug war so stark, dass es neun Tonnen Gewicht tragen konnte.

Es dauerte nicht lange, da gehörte das Brummen der Flugzeuge zum Leben Berlins wie heute das Geräusch der Automotoren. Die Flugzeuge brachten alles, was die Berliner zum Überleben brauchten: Kartoffeln, Zucker, Medikamente, Werkzeuge und Verbandsmaterial. Nach und nach flogen die Piloten sogar die Teile für ein ganzes Kraftwerk ein, das Kraftwerk Reuter. Es steht heute noch.

Die Freiheitsglocke am Rathaus Schöneberg. Diese Glocke haben die Amerikaner den Berlinern 1950 geschenkt. Auf dem Bild seht ihr die »Schöneberger Sängerknaben«, die Weihnachtslieder unter der Glocke singen.

Auch heute noch läutet die Glocke am Rathaus Schöneberg. Immer um 12 Uhr mittags. Sie trägt die Inschrift: »Ich glaube an die Unantastbarkeit und die Würde jedes einzelnen Menschen. Ich glaube, dass allen Menschen von Gott das gleiche Recht auf Freiheit gegeben wurde. Ich verspreche, jedem Angriff auf die Freiheit und der Tyrannei Widerstand zu leisten, wo auch immer sie auftreten möge.« Dieser »Freiheitsschwur« stammt von Abraham Lincoln, einem ehemaligen Präsidenten der Vereinigten Staaten von Amerika, der von 1806 bis 1865 gelebt hat.

Die Sowjets blockierten aber nicht nur alle Zufahrtswege, sie unterbrachen auch die Stromversorgung Berlins. In Berlin gab es nicht mehr genug Energie, um elektrische Geräte benutzen zu können. Darum gab es nur noch zu bestimmten Tageszeiten Strom – dann stürzten alle Berliner nach Hause, um schnell etwas zu kochen. Schlimm traf es auch die Krankenhäuser. Schon bald konnten dort kaum noch Röntgenaufnahmen gemacht oder Untersuchungen durchgeführt werden, für die Strom benötigt wurde.

Dass die Leute hungerten, weil keine Waren nach Berlin herein gebracht werden konnten, das ist klar. Sie hungerten aber auch, weil keine Waren herausgebracht werden konnten. Immer mehr Firmen nämlich, die vor der Blockade etwas hergestellt und verkauft hatten, mussten schließen. Sie konnten ihre Waren ja nicht aus der Stadt bringen, um sie anderswo zu verkaufen. Außerdem gab es keinen Strom, und ohne Strom laufen die Maschinen nicht. Ohne Maschinen konnten die Unternehmen aber nichts produzieren. Und wenn sie nichts produzierten, konnten sie ihren Mitarbeitern keinen Lohn bezahlen. So wurden immer mehr Menschen arbeitslos.

Berliner Kinder spielen Luftbrücke.

Die Lage war furchtbar. Aber die Berliner saßen trotzdem nicht nur zuhause und bliesen Trübsal. Sie packten an, wo sie nur konnten. Sie schleppten Kartoffelschalen in den Zoo, um das einzige Nilpferd, das dort noch lebte, durchzufüttern. Sie fuhren stundenlang bei Wind und Wetter in die Vororte der Stadt und versuchten, Besteck, Bücher oder Kleider gegen ein paar Rüben oder etwas Milch einzutauschen. Der RIAS, ein Radiosender, den die Amerikaner in ihrem Westsektor eingerichtet hatten, schickte Wagen durch die Stadt, auf denen Lautsprecher aufgeschraubt waren. So konnten alle Leute die wichtigsten Nachrichten hören, auch wenn sie keinen Strom hatten. In der Weihnachtszeit brachten die Flugzeuge noch mehr Hilfspakete. Viele Familien, vor allem in Amerika, hatten Päckchen gepackt mit warmen Kleidern, Mehl, Konserven und Süßigkeiten.

Wer großes Glück hatte, der musste gar nicht erst auf solch ein Päckchen warten, um an Süßigkeiten zu kommen! Das kam so: Der

amerikanische Pilot Gail Halvorsen war an einem Sommertag mit seinem Flugzeug auf dem Flughafen Tempelhof gelandet und wartete nun darauf, dass all die Kisten, Säcke und Schachteln entladen wurden. Da entdeckte er am Zaun eine Gruppe von Kindern. Halvorsen schlenderte hinüber und unterhielt sich durch den Zaun mit ihnen. Zum Abschied versprach er: »Wenn ich das nächste Mal komme, bringe ich euch Süßigkeiten mit!« – »Wie werden wir dein Flugzeug erkennen?«, fragte ein Mädchen. »Ich werde beim Anflug mit den Flügeln wackeln«, antwortete Halvorsen.

Und wirklich, als Halvorsen das nächste Mal nach Berlin kam, da ließ er sein Flugzeug mit den Flügeln wackeln und warf kleine Päckchen ab – Kaugummi, Schokolade und Rosinen aus seiner eigenen Verpflegung. Die Süßigkeiten hatte er an selbst gebastelte Fallschirme aus Stofftaschentüchern gebunden. Später machten noch viel mehr Piloten mit. Und die Berliner nannten die Flugzeuge der Alliierten von da an »Rosinenbomber«.

Die Piloten der Rosinenbomber waren mutige Männer. Immer wieder stürzte eines der Flugzeuge ab. Aber die Piloten flogen weiter: In insgesamt 278.228 Flügen wurden 2,11 Millionen Tonnen Fracht, davon 1,44 Millionen Tonnen Kohle, 490.000 Tonnen Nahrungsmittel und 160.000 Tonnen Baustoffe zum Ausbau der Flughäfen, eingeflogen. Das ist wirklich sehr viel!

Berliner Kinder stehen auf Trümmerhaufen und warten auf die Süßigkeiten der »Rosinenbomber«.

Irgendwann wurde es dann glücklicherweise auch den Sowjets zu viel. Weder die Berliner, noch die Alliierten wollten aufgeben, das war den Sowjets klar geworden. Also hoben sie die Blockade auf. Am 12. Mai 1949 wurden die Straßen und Flüsse wieder freigegeben. Berlin konnte aufatmen.

Am ehemaligen Flughafen in Tempelhof steht heute ein Denkmal für die Berliner Luftbrücke. Die Berliner nennen es die »Hungerharke«.

Ohne die Luftbrücke hätten die Berliner nicht überleben können. Sie hätten aufgeben und West-Berlin dem sowjetischen Sektor anschließen müssen – oder sie wären verhungert. Die Amerikaner und Engländer haben mit der Luftbrücke das freie West-Berlin gerettet.

KOMMUNISMUS UND »KALTER KRIEG«

Die Sowjetunion war der Zusammenschluss mehrerer Länder unter der Führung Russlands. In der Sowjetunion gab es keine Freiheit – alle Gesetze wurden von einer Partei erlassen. Der Warschauer Pakt war ein Bündnis der kommunistischen Diktaturen im Osten Europas. Hier hatten alle Regierungschefs dem Befehl der Kommunisten in Moskau Folge zu leisten.

Die kommunistische Sowjetunion stand an der Spitze der Länder des Ostblocks. Die Vereinigten Staaten von Amerika standen an der Spitze der freien Westmächte. Der Ostblock stand den Westmächten feindlich gegenüber. Die Länder des Ostblocks rüsteten gegen den Westen auf, der daraufhin ebenfalls immer mehr Waffen zu seiner Verteidigung aufstellte. Man nannte diesen Zustand »Kalter Krieg«. Zum Glück kam es aber nicht wirklich zum Krieg.

»VOM LEBEN TRENNT DICH SCHLOSS UND RIEGEL«

Eine Stadt zwischen den Fronten

Die Straßen nach Berlin waren wieder frei. Das bedeutete aber noch lange nicht, dass die Berliner nun ihre Ruhe hatten. Die Blockade West-Berlins hatte schließlich deutlich gezeigt, wie sehr die Sowjets und die Alliierten zerstritten waren. Und tatsächlich sollte es noch schlimmer kommen.

Erst einmal aber gab es Grund zur Freude. Am 8. Mai 1949 wurde das Grundgesetz der Bundesrepublik Deutschland vorgestellt. Darin ist geregelt, welche Rechte jeder Mensch hat: Zum Beispiel, dass jeder seine Meinung frei äußern darf und seinen Wohnort, seine Arbeitsstelle und seine Religion selbst bestimmen kann. Das alles gilt heute noch. Am 24. Mai 1949 wurde das Grundgesetz gültig. Damit war ein neues Land gegründet worden: Die Bundesrepublik Deutschland. Sie bestand aus den Gebieten der Franzosen, Engländer und Amerikaner in West-Deutschland und aus West-Berlin. Fünf Monate später dann, am 7. Oktober 1949, gründeten die Sowjets auch einen Staat: Die Deutsche Demokratische Republik, abgekürzt DDR – die war zwar nicht demokratisch, hieß aber so. Nun gab es zwei Deutschlands und das sollte für lange Zeit so bleiben.

Die Flagge der Bundesrepublik Deutschland

Obwohl West-Berlin jetzt zur Bundesrepublik Deutschland gehörte und Ost-Berlin zur Deutschen Demokratischen Republik, gab es immer noch viele Berliner, die im einen Teil wohnten und im anderen Teil arbeiteten. Sie konnten mit den U- und S-Bahnen zwischen den beiden Teilen der Stadt hin- und herwechseln. Busse und Straßenbahnen allerdings, die endeten an den Sektorengrenzen. Die Grenzübergänge zwischen den Sektoren wurden kontrolliert. Aber die Kontrollen waren noch nicht sehr streng und die meisten Ost-Berliner konnten problemlos in den Westen fahren, um einzukaufen, ins Kino zu gehen oder eben um dort zu arbeiten.

Für die West-Berliner war ein Besuch in der sowjetischen Zone schon etwas schwieriger: Sie mussten lange anstehen und bei den Ämtern der DDR einen Passierschein beantragen, der zu allem Überfluss auch noch etwas kostete. Trotzdem – die Berliner hatten es noch gut im Vergleich mit dem Rest Deutschlands. Schließlich war ja nicht nur Berlin, sondern ganz Deutschland jetzt geteilt, in die Bundesrepublik Deutschland und in die DDR. Aus der ganzen DDR

Die Flagge der
Deutschen Demokratischen Republik

Die Flaggen der beiden deutschen Staaten waren beide schwarz-rot-gold. Die DDR hatte auf ihrer Flagge zusätzlich die Symbole des Arbeiter- und Bauernstaates: Hammer, Zirkel und Ährenkranz.

reisten nun die Menschen nach Berlin, die gerne in den Westen reisen wollten: Außerhalb von Berlin war die Grenze zwischen der DDR und der Bundesrepublik nämlich zu. Die Menschen, die in der DDR lebten, konnten nicht einfach über die Grenze laufen, um ihre Freunde oder Verwandten zu besuchen. Die Grenze zu West-Berlin war das einzige Schlupfloch, das geblieben war.

Die SED, die Partei also die von den Sowjets mit sehr viel Macht ausgestattet worden war, und nun in der DDR eigentlich alles bestimmte, diese Partei war nicht sehr glücklich über die Lage in Berlin: Ständig fuhren Menschen aus der DDR über die Grenze und kamen nicht zurück, weil sie lieber im Westen leben wollten. Viele Menschen waren nicht zufrieden mit dem Leben in der DDR. Sie durften nicht frei ihre Meinung sagen. Sie wurden ständig kontrolliert. Sogar was in den Zeitungen geschrieben und im Radio gesagt werden durfte, bestimmte die SED. Und außerdem hatten die Menschen in der Bundesrepublik mehr Geld und mehr Waren, die sie kaufen konnten. In West-Berlin gab es Obst, Gemüse, Kleidung und

Spielzeug schon lange wieder in den Läden. Das alles war im Osten noch sehr schwer zu bekommen.

Für fast jeden Berliner gab es durch die Teilung der Stadt ein Problem, aber nicht für jeden das gleiche: Manche hatten Eltern oder Geschwister im anderen Sektor und konnten sie ohne Passierschein nicht besuchen. Andere hatten ihre Arbeitsstelle auf der anderen Seite der Grenze. Aber am allerschlechtesten ging es den Menschen, die verhaftet wurden, nur weil sie im sowjetischen Sektor offen ihre Meinung gesagt hatten. Eine von ihnen war Edeltraud Eckert.

Als 1949 die beiden deutschen Staaten gegründet wurden, war Traudl Eckert 19 Jahre alt. Sie hatte angefangen zu studieren und wollte Lehrerin werden. Traudl freute sich auf das Studium und auf ihr Leben in einem neuen Land. So viel Grausames und Schreckliches war in Deutschland geschehen und Traudl vertraute darauf, dass die SED ein besseres Land schaffen würde. An der Universität

erfuhr sie von Lagern, die die Sowjets eingerichtet hatten. Dort sollten eigentlich vor allem Menschen gefangen gehalten werden, die die schrecklichen Taten der Nazis unterstützt hatten oder sogar selbst Nazis gewesen waren. Aber dort saßen vor allem Menschen, die den Sowjets nicht gefielen. Viele von ihnen hatten öffentlich das System der DDR und damit auch die Sowjets kritisiert. Fast keiner von ihnen bekam einen richtigen Prozess, ein Verfahren vor einem Gericht also, wo der Angeklagte sich verteidigen darf und die Beschuldigungen überprüft werden.

Traudl war entsetzt. So etwas durfte es in einem neuen Deutschland nicht geben, fand sie. Gemeinsam mit Freunden verteilte sie nun Zettel, auf denen stand, was sie erfahren hatte. Alle sollten das wissen, fand Traudl, damit die Menschen dann gemeinsam gegen solches Unrecht kämpfen könnten. Traudl wurde verhaftet. Ein sowjetisches

Militärgericht verurteilte sie zu 25 Jahren Arbeitslager. Dabei hatte sie nur Zettel verteilt! Und nichts von dem, was auf diesen Zetteln stand, war gelogen. Und selbst wenn die Sowjets und die SED anderer Meinung waren – warum durften Menschen wie Traudl ihre Meinung nicht offen sagen? Edeltraud Eckert kam ins Gefängnis Waldheim. Sie wurde eingesperrt in einem Raum mit etwa 150 anderen Frauen.

Ihre Familie und Traudl selbst konnten nicht glauben, was ihnen da geschah. Die Eltern schickten Briefe und Pakete ins Gefängnis. Die wenigen Geschenke, die Traudl erhalten durfte, waren jedes Mal ein riesiges Fest. »Der Kuchen schmeckt so herrlich nach zuhause!«, schrieb sie ihrer Mutter. Und sie dichtete. Eines der Gedichte, das sie im Gefängnis schrieb, heißt: VOM LEBEN TRENNT DICH SCHLOSS UND RIEGEL – und so war es ja leider auch wirklich.

Traudl starb nach fünf Jahren. Bei der Arbeit im Gefängnis hatte sie sich verletzt. Die Wunde war schlecht versorgt worden, so dass Traudl nicht wieder gesund wurde und nie mehr nach Hause zurückkehrte. Sie war kein Einzelfall. Hunderttausenden ging es so wie ihr. Und so mussten sich die Sowjets und die SED eigentlich nicht wundern, dass immer mehr Menschen die DDR verlassen wollten. Aber anstatt etwas zu ändern, verschärften die Sowjets die Kontrollen an den Grenzübergängen noch mehr. Am 26. Mai 1952 richteten sie einen Kontrollstreifen ein, eine breite Fläche zwischen den Sektoren in Berlin, die nur noch mit Ausnahmegenehmigungen betreten werden durfte. Wer zufällig dort wohnte, der musste umziehen.

Als Besatzungsmacht durfte die Sowjetunion auf dem Gebiet der DDR die Armee einsetzen. Das hat sie am 17. Juni 1953 auch getan.

Viele Menschen wurden an diesem Tag erschossen. Sie hatten für ihre Freiheit gekämpft – und verloren. Viele Jahre lang wurde in der Bundesrepublik am 17. Juni der »Tag der deutschen Einheit« gefeiert. Niemand sollte vergessen, dass Deutschland eigentlich ein geeintes und freies Land sein sollte. Heute feiern wir den Tag der Deutschen Einheit am 3. Oktober – weil Deutschland wieder ein vereintes Land ist!

1953 dann entschied die SED auch noch, dass die Leute in der DDR mehr arbeiten, aber nicht mehr Geld bekommen sollten. Die Arbeiter beschlossen zu streiken! Bauarbeiter versammelten sich, um zu demonstrieren. Auf Plakate und Fahnen hatten sie geschrieben, was sie wollten: »Freiheit!« So wie in Berlin ging es schon bald in fast allen ostdeutschen Städten zu. Die Menschen rissen Fahnen und SED-Plakate herunter, Parteibüros der SED zündeten sie an. Da begannen die Sowjets zu schießen. Mit riesigen schweren Panzern fuhren sie auf die Menschenmengen los. Die Demonstranten hatten keine Chance. Es gab Verletzte und Tote. Die SED ließ Tausende verhaften und einsperren, manche wurden sogar zum Tode verurteilt und hingerichtet.

TEILUNG DER STADT

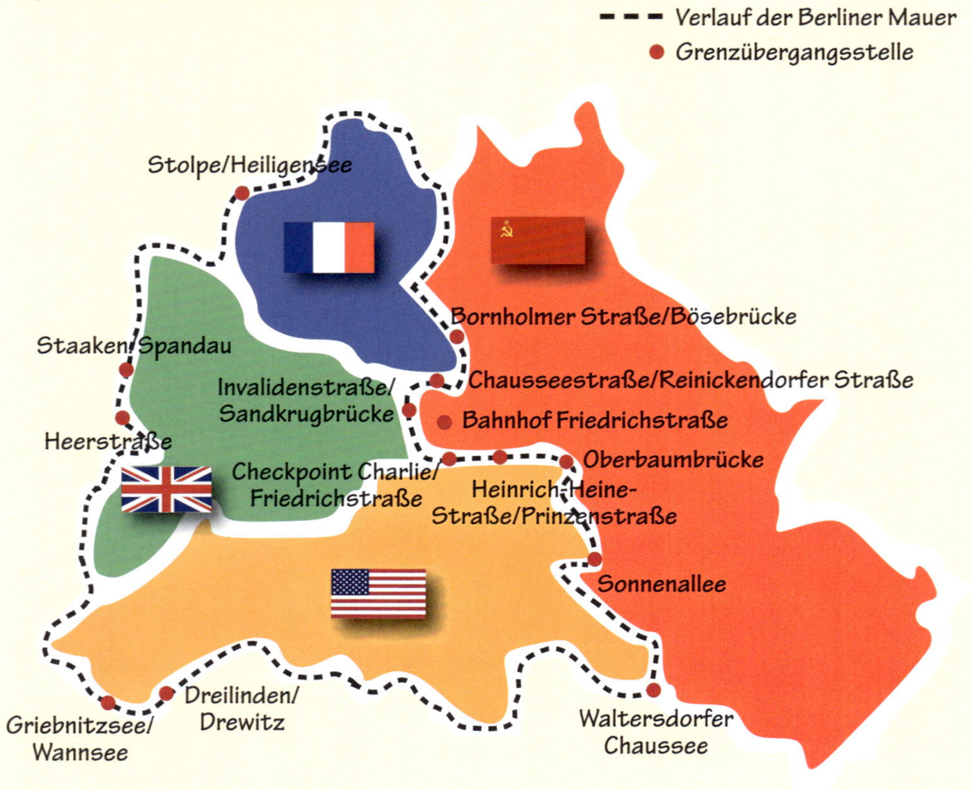

Schon wenige Tage nach dem Mauerbau gab es nur noch wenige Grenzübergänge. An der Friedrichstraße, Ecke Kochstraße richteten die Amerikaner den Checkpoint Charlie ein. Hier gab es auch eine Aussichtsplattform, von der aus man in den Ostteil der Stadt schauen konnte.

»NIEMAND HAT DIE ABSICHT EINE MAUER ZU BAUEN!«

Stacheldraht und Todesstreifen

»Niemand hat die Absicht eine Mauer zu bauen«, das hatte der Regierungschef der DDR, Walter Ulbricht gesagt. Und dann tat er es einfach trotzdem. Walter Ulbricht und die SED ließen eine Mauer bauen.

Und so kam es, dass am 22. August 1961 Ida Siekmann am Fenster ihrer Wohnung in der Bernauer Straße stand und weinte. Diese Straße trennt noch heute die Stadtteile Wedding und Mitte. Damals war das aber keine Bezirksgrenze, sondern eine Sektorengrenze. Das Haus, in dem Ida Siekmann lebte, gehörte zu Mitte – schon der Bürgersteig davor aber zum Wedding. Um in ihre Wohnung zu gelangen, musste Ida Siekmann die Sektorengrenze überschreiten. An diesem 22. August nun ging das nicht mehr. Die Polizei der DDR hatte ihre Haustür vernageln lassen. Von ihrem Fenster aus konnte Ida Siekmann sehen, wie Bauarbeiter dicke Holzlatten vor Erdgeschossfenstern und Türen befestigten. Ida Siekmann spürte, wie ihr Herz klopfte. Zwar konnte sie durch die Hintertür über den Hof

Flüchtlinge, die aus dem Osten in den Westsektor kamen, wurden zunächst im Notaufnahmelager Marienfelde untergebracht. Dort wurden sie mit dem Nötigsten versorgt, bis sie selbst eine Wohnung fanden.

noch in den Ostteil Berlins gelangen. Aber ihre Schwester lebte doch im Westteil der Stadt. Am kommenden Tag wollten sie zusammen Idas Geburtstag feiern. Und nun konnte Ida ihre Schwester nicht mehr besuchen. Was genau war geschehen?

Die DDR hatte den Aufstand der Menschen am 17. Juni mit Panzern niederwalzen können. Aber es war ihr bisher nicht gelungen, die Leute davon abzuhalten, die DDR heimlich zu verlassen. Zwischen 1949 und 1961 waren etwa 2,6 Millionen Menschen aus der DDR geflohen. Wenn das noch eine Weile so weiter gegangen wäre, dann wären die Menschen aus der Parteiführung der SED schon bald allein in ihrem Land gewesen. Das wollten sie nicht. Also schmiedeten sie einen furchtbaren Plan: In der Nacht vom 12. auf den 13. August errichteten Soldaten der Nationalen Volksarmee der DDR aus Stacheldraht eine Absperrung entlang der Sektorengrenze durch Berlin. Später fingen sie an, dort eine Mauer zu bauen. Schon am

Die Berliner trauten ihren Augen nicht, als ihre Stadt auf einmal in zwei Hälften geteilt wurde. Später starben viele Menschen bei dem Versuch, über die Mauer in den Westen zu entkommen.

Abend dieses 13. Augusts waren Ost-Berlin und die ganze DDR ein riesengroßes Gefängnis geworden: Bewacht, gesichert, zugemauert.

Die Berliner in beiden Teilen der Stadt waren fassungslos. Fast 60.000 Menschen aus dem Ost-Teil arbeiteten im Westen. Nun hatten sie von einer Sekunde zur nächsten ihre Stelle verloren. Ebenso erging es den West-Berlinern, die im Osten ihre Arbeitsstelle hatten. Und unzählige Berliner hatten Freunde und Familie im jeweils anderen Teil der Stadt. Niemand wusste, wann und ob sie sich wieder sehen würden. Mütter standen hinter den riesigen Stacheldrahtspiralen im Osten und winkten zwischen den Soldaten hindurch ihren Kindern zu, die im Westen studierten. Großeltern eilten zur Sektorengrenze, als sie im Radio die Schreckensnachrichten hörten, um ihre Enkel

Die Ausreisehalle der Grenzübergangsstelle in der Friedrichstraße: Hier mussten die DDR-Bürger ihre Gäste aus dem Westen verabschieden. Sie selbst durften ja nicht in den Westen reisen. Die Berliner nannten diese Halle darum »Tränenpalast«, weil so viele Menschen hier beim Abschied weinten.

noch einmal zu sehen. Die Menschen weinten. Sie waren verzweifelt, aber sie konnten nichts tun.

Ein kleines Mädchen wurde zum Grenzübergang in der Friedrichstraße gebracht. Sie hatte ihre Großeltern im Westen besucht und nun brachten die ihre Enkelin schnell zurück in den Osten, weil sie fürchteten, sie könnte sonst nicht mehr zu ihren Eltern gelangen. Die Großmutter umarmte das kleine Mädchen noch einmal. Sie wusste nicht, ob sie es jemals wieder sehen würde.

Der Berliner Bürgermeister Willy Brandt war gerade unterwegs nach Hannover, als er von dem Mauerbau erfuhr. Aufgebracht ließ er sich nach Berlin fliegen und ging sofort zum Potsdamer Platz. Dort hatten sich zahlreiche Berliner versammelt, um gegen den Mauerbau zu demonstrieren. Willy Brandt, der Bürgermeister, stellte sich an ihre Spitze. Die Berliner sind ihm noch heute dankbar. Doch wirklich helfen konnte auch Willy Brandt zunächst nicht.

In den ersten Tagen nach diesem 13. August gelang noch ziemlich vielen Leuten die Flucht. Noch war ja die Mauer nicht fertig und die Grenze war auch noch nicht ganz so gut gesichert wie später. Auch der DDR-Volkspolizist Conrad Schumann erhielt damals den Befehl, niemanden über die Grenze zu lassen. Er war 19 Jahre alt und stand mit einer Maschinenpistole über der Schulter an der Grenze zwischen den beiden Teilen Berlins. Noch lag zwischen ihm und dem freien Teil der Stadt nur ein Stacheldraht. Und eigentlich sollte er die Grenze ja überwachen. Conrad Schumann rauchte eine Zigarette. Dann gab er sich einen Ruck. Mit einem Satz sprang er über den Stacheldraht in den Westen.

Heute steht in der Bernauer Straße eine Mauergedenkstätte. Die Besucher können hier Reste der echten Grenzanlage sehen und erfahren alles über die Geschichte der Berliner Mauer.

Hier seht ihr das Denkmal, das an Conrad Schumann erinnerte. Es stand auf dem ehemaligen Mauerstreifen in der Bernauer Straße, nahe der Ruppiner Straße.

Auch Ida Siekmann wollte fliehen. Als sie sah, dass sie keine andere Möglichkeit mehr hatte, zu ihrer Schwester in den Westen zu gelangen, beschloss sie, aus dem Fenster in den Westen zu springen. So warf sie Bettdecken, Tischwäsche und Handtücher aus dem Fenster ihrer Wohnung und sprang hinterher. Beim Aufprall verletzte sie sich so schwer, dass sie auf dem Weg ins Krankenhaus starb – einen Tag vor ihrem 59. Geburtstag. Andere in ihrer Straße hatten mehr Glück: Die West-Berliner Feuerwehr breitete Sprungtücher aus, so dass viele Menschen unverletzt in die Freiheit springen konnten.

Bald schon nach dem 13. August waren die Türen und Fenster in der Bernauer Straße nicht mehr zugenagelt, sie waren mit Steinen zugemauert. Keiner konnte hier mehr in die Freiheit springen. Entlang der Strecke, die der Stacheldraht markiert hatte, stand eine Mauer aus festen Betonplatten, die streng bewacht wurde. Aus Ost-Berlin zu fliehen, war schwieriger und gefährlicher als eine Flucht aus ei-

nem Gefängnis für Schwerverbrecher. Und dabei hatten die Menschen in Ost-Berlin nichts, aber auch gar nichts Böses getan. Trotzdem wurden sie einfach eingesperrt.

Allein in Ost-Berlin waren jeden Tag 2300 Soldaten im Einsatz mit 567 Schützenpanzerwagen, mit 48 Granatwerfern, 114 Flammenwerfern und 156 gepanzerten Fahrzeugen. Zahlreiche Spürhunde begleiteten die Soldaten auf ihren Kontrollgängen. Viele der Hunde wurden an Führdrähten gehalten, die unter Strom gesetzt werden konnten, um die Tiere besonders angriffslustig zu machen. Außerdem ließ die DDR-Führung eine zweite Mauer errichten, eine so genannte Hinterlandmauer. Das Gelände dazwischen war von Signalanlagen durchzogen, die Alarm auslösten, wenn jemand darauf trat.

ZWEIMAL BERLIN

Ein Stadtplan von Ost-Berlin von 1980. In Plänen aus der DDR ist West-Berlin nur als leere Fläche eingezeichnet.
Pläne aus Westdeutschland zeigten immer die ganze Stadt.

»ICH BIN EIN BERLINER.«

Alltag in Ost und West und ein wichtiger Besuch

Zehn Jahre nach dem Bau der Mauer gab es für die Menschen in West-Berlin und Ost-Berlin wieder einen Alltag. Den Menschen im Westen ging es gut. Sie waren frei und konnten allein über ihr Leben entscheiden. Die Menschen in der DDR mussten nicht mehr hungern. Viele hatten sich mit dem Leben in der DDR abgefunden. Sie arbeiteten, ihre Kinder gingen zur Schule oder in den Kindergarten. Die Ost-Berliner freuten sich über den Bau des Fernsehturms und wer Glück hatte, der konnte eine der Wohnungen in den neuen Plattenbauten beziehen. Nicht immer konnte man alles kaufen, was gebraucht wurde, aber die Menschen halfen einander, wenn Not am Mann war. Eigentlich war alles ganz normal – nur, dass die Menschen die DDR nicht verlassen durften, wenn sie es wollten. Und dass sie ihre Meinung nicht sagen durften. Die SED bestimmte alles in der DDR. Wem das nicht passte, für den war gar nichts normal: Erwachsene, die ihre Meinung sagten, wurden verhaftet und eingesperrt. Was in den Zeitungen stand, wurde kontrolliert, genauso wie das Fernsehen und das Radio. Selbst Schriftsteller und Dichter durften nicht einfach schreiben, was sie wollten. Gab jemand offen zu, dass er gerne in den Westen gehen würde, um dort zu leben – so war allein das schon Grund genug, um ihn ins Gefängnis zu sperren.

Auch die Kinder mussten von klein auf das tun, was die SED wollte. Sie gingen fast alle zu den Jungen Pionieren. Das war eine SED-Organisation, in der Kinder ihre Freizeit verbringen sollten. Dort spielten sie und sangen Lieder, aber in den Liedern und Spielen wurde ihnen schon ganz früh beigebracht, was sie denken sollten – und das war eben genau das, was die führenden Mitglieder der SED dachten. In der achten Klasse wurden die Jugendlichen dann in die **F**reie **D**eutsche **J**ugend (FDJ) aufgenommen. Doch mit Freiheit hatte das nur sehr wenig zu tun. Wenn man

Die FDJ war die kommunistische Jugendorganisation der DDR-Regierung. Mit etwa 14 Jahren wurden die Mädchen und Jungen dort Mitglied. Für die Sechs- bis 13-Jährige gab es die staatliche Pionierbewegung: Von der ersten bis zur dritten Klasse wurden sie »Jungpioniere«, von der vierten bis zur siebten Klasse »Thälmannpioniere« genannt.

dort die Jugendweihe nicht mitmachte, sondern sich stattdessen in der Kirche konfirmieren ließ, hatte das schwerwiegende Folgen. Dann durfte man nämlich später nicht studieren. Auch dann nicht, wenn man ein guter Schüler war.

Nur wer sich anpasste, dem ging es gut. Die SED war überall. Hans Herrmann, der in der DDR aufwuchs, erinnert sich: »Morgens lief im Radio die Kindersendung ›Familie Findig‹, die ich sehr liebte. Am Ende der Sendung kam immer die Mahnung: ›Und vergiss nicht, dein Pioniertuch umzubinden.‹« Hans Herrmann rutschte dann unruhig auf seinem Stuhl herum. Er hatte nämlich gar kein Pioniertuch, das er sich hätte umbinden können. Seine Eltern wollten nicht, dass ihr Kind zu den Jungen Pionieren ging. Sie wussten, dass die Jungen Pioniere eine Organisation der SED waren. Eine befreundete Familie hatte einen Antrag gestellt, weil sie in den Westen gehen wollten. Daraufhin waren sie unter einem Vorwand verhaftet wor-

den. Nun saßen die Eltern im Gefängnis und die Kinder waren im Kinderheim. Eine Partei, die so etwas tat, wollten die Eltern nicht unterstützen.

So wie sich viele Menschen in der DDR ihr Leben eingerichtet hatten, so hatten sich auch im Westen viele Leute an die Mauer gewöhnt. Schließlich ging es ihnen ja wirklich gut. Im Gegensatz zu den DDR-Bürgern konnten sie reisen, wohin sie wollten. Sie hatten Autos, es gab ausreichend bezahlbaren Wohnraum und auch mit der Mauer ließ es sich in Berlin prima leben. Doch zum Glück gab es auch in West-Berlin noch Menschen, die weiterhin gegen die Brutalität der DDR-Regierung kämpften – die nicht nur immer wieder an das furchtbare Unrecht erinnerten, sondern die darüber hinaus den DDR-Bürgern halfen zu fliehen.

Auch der West-Berliner Bürgermeister Willy Brandt gehörte zu den Menschen, die sich nicht an die Mauer gewöhnt hatten. Er hatte den verzweifelten Berliner Familien, die durch die Mauer auseinander gerissen worden waren, Hilfe versprochen. Und er hielt sein Versprechen. Am 17. Dezember 1963, etwa zweieinhalb Jahre nach dem Bau der Mauer, wurde das Passierschein-Abkommen unterzeichnet. Nun konnten West-Berliner ihre Verwandten in Ost-Berlin wieder besuchen. Sie mussten einen Passierschein beantragen und konnten dann in den Ost-Teil der Stadt fahren. Natürlich nicht einfach so, sie mussten lange warten und wurden an den Grenzübergängen kontrolliert. Auch gab es strenge Regeln, was sie mitbringen durften und

156 km lang war die Grenze zu West-Berlin. Von der Westseite aus war die Mauer nicht abgesperrt. Künstler verzierten die lange kahle Fläche mit bunten Bildern. Wer über die Grenze vom Westen aus in den Ostsektor wollte, der wurde streng kontrolliert. DDR-Bürger durften nicht in den Westen. Nur für Rentner war es etwas leichter, einen Besuch im Westen zu beantragen.

was nicht. Aber die Menschen nahmen das alles gerne in Kauf – wenn sie nur ihre Familien wieder sehen konnten. Die Menschen aus dem Ostteil konnten aber nach wie vor nicht heraus.

Schon ein paar Monate vorher, im Sommer 1963 hatte ein großes Ereignis die Berliner aufgewühlt: Der amerikanische Präsident John F. Kennedy kam nach Berlin. Für die Berliner war dieser Besuch sehr, sehr wichtig. Schließlich waren es im Wesentlichen die Amerikaner, die West-Berlin schützten und dafür sorgten, dass West-Berlin nicht einfach wie Ost-Berlin und der Rest der DDR eingemauert wurde. Vor dem Rathaus Schöneberg hielt Kennedy eine Ansprache. Er sagte etwas, das noch heute berühmt ist. Er sagte: »Heute in einer Welt der Freiheit, ist der stolzeste Satz: Ich bin ein Berliner.« Damit wollte er sagen, dass an keinem Ort der

Welt so deutlich geworden ist, wie wichtig Freiheit ist, wie in Berlin. Und jeder, der Freiheit zu schätzen wusste, der würde Berlin unterstützen.

Kennedy, Berlins Bürgermeister Willy Brandt und Bundeskanzler Konrad Adenauer fuhren im Auto durch die Stadt. Eine Million West-Berliner jubelten ihnen zu.

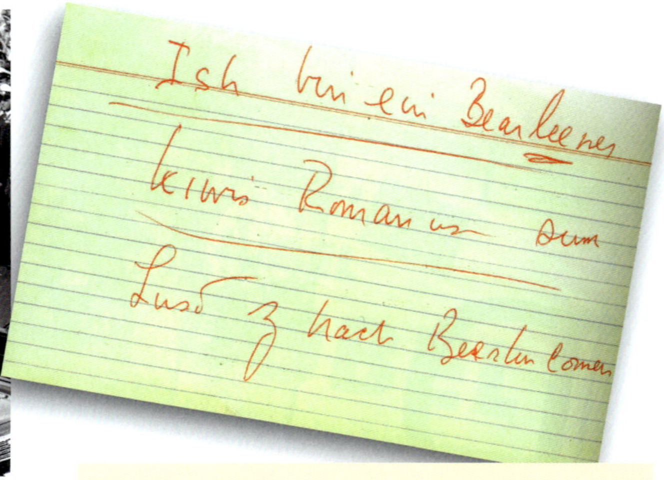

Weil Kennedy kein Deutsch sprach, stand auf seinem Zettel: »Ish bin ein Bearleener!«.

Auch im Osten hatten viele Menschen von Kennedys Rede gehört. Gerade sie wussten, wie wichtig Freiheit ist, weil es für sie keine Freiheit gab. Für manche war dieser Zustand so schlimm, dass sie versuchten zu fliehen, obwohl das sehr gefährlich war. Zwei ganze Familien flohen in einem selbstgebauten Heißluftballon. Sie waren sehr mutig und hatten großes Glück. Ein anderer Flüchtling, der 28-jährige Bernd Böttger war technisch sehr geschickt: Er baute sich ein Mini-U-Boot und floh damit durch die Ostsee nach Dänemark. 57 Menschen konnten durch einen Tunnel, der in monatelanger Ar-

Die DDR-Regierung ließ das Berliner Stadtschloss abreißen und baute an Stelle des Schlosses den Palast der Republik. Er wurde 1976 fertig. Hier tagte die Volkskammer der DDR, eine Art Parlament der DDR, das allerdings nicht frei gewählt wurde.

beit gegraben worden war, nach West-Berlin fliehen. Manchen gelang die Flucht versteckt unter der Motorhaube eines Autos. Eine Mutter brachte ihren kleinen Sohn in einer Einkaufstasche versteckt über die Grenze. Sie alle hatten Glück.

Doch das darf nicht darüber hinweg täuschen, wie gefährlich eine solche Flucht war. Viele Menschen wurden dabei erwischt und ins Gefängnis gebracht, wo sie oft viele Jahre eingesperrt waren. Manche wurden später von der Bundesrepublik Deutschland freigekauft: Die DDR bekam Geld von der Bundesrepublik. Dafür sollte sie die Flüchtlinge aus den Gefängnissen in den Westen ausreisen lassen. Für manche Menschen aber gab es diese Möglichkeit nicht mehr. Sie bezahlten den Wunsch nach Freiheit mit dem Leben. Mindestens 136 Menschen verloren der Mauer wegen in Berlin ihr Leben. Die meisten von ihnen wurden erschossen, als sie versuchten, über die Grenze zu kommen.

EINE NEUE ZEIT BRICHT AN

Ronald Reagan besuchte Berlin insgesamt viermal. Der erste Besuch fand 1978 statt, schon vor seiner Wahl zum amerikanischen Präsidenten. Damals besuchte Reagan auch Ost-Berlin. Dort beobachtete er zufällig, wie ein junger Mann von zwei Volkspolizisten grundlos schikaniert wurde – ein Erlebnis, das Reagan sehr beeindruckte.

Während seines Besuches 1987 gab es viele Demonstrationen. Nicht alle waren mit Reagans Politik einverstanden. Auch seine Rede vor dem Brandenburger Tor wurde von manchen Menschen belächelt, weil sie nicht mehr an ein Leben ohne Mauer glaubten. Doch 881 Tage nach Reagans Rede fiel die Mauer!

Michail Gorbatschow wurde 1985 Generalsekretär der KPdSU, das war die kommunistische Partei in der Sowjetunion, die dort alles bestimmte und auch auf die DDR starken Einfluss hatte. Der Wirtschaft der Sowjetunion ging es schlecht. Die Unternehmen verdienten nicht genug, um die Menschen ausreichend zu bezahlen. Gorbatschow wollte darum den Unternehmen mehr Freiheiten einräumen. Er wollte auch, dass die Zeitungen, das Radio und Fernsehen nicht mehr so streng kontrolliert wurden, damit die Menschen sich eine eigene Meinung bilden und freie Entscheidungen treffen konnten. Und nach und nach hat er das dann auch umgesetzt.

»REIẞEN SIE DIESE MAUER EIN!«

Die letzten Jahre der Berliner Mauer

Dass die Mauer ein furchtbares Unrecht war, das fand auch der amerikanische Präsident Ronald Reagan. Trotzdem, als er 1987 nach Berlin kam, da war das zunächst eigentlich nicht viel mehr als ein Höflichkeitsbesuch. Berlin feierte den 750. Geburtstag der Stadt, und Reagan wollte kurz gratulieren. Am frühen Nachmittag dann sollte er eine Rede vor dem Brandenburger Tor halten. Das Brandenburger Tor lag vom Westen aus gesehen hinter der Mauer. Wenn Reagan dort sprach, so stand er auf der Westseite, genau vor der Mauer. Die Polizei in der DDR wollte nicht, dass die Menschen im Ostteil der Stadt zum Brandenburger Tor kamen, wenn der amerikanische Präsident eine Rede hielt. Die Vereinigten Staaten von Amerika waren der erklärte Feind der Sowjetunion, deren oberster Regierungschef damals Michail Gorbatschow hieß. Und die DDR war zwar nicht Teil der Sowjetunion, wurde aber von ihr aus gesteuert. Selbstverständlich wollte niemand in der SED riskieren, dass DDR-Bürger dem amerikanischen Präsidenten zujubeln! Darum war der Platz vor dem Brandenburger Tor gesperrt. Nur wenige SED-

In der DDR gab es ein Ministerium für Staatssicherheit, kurz Stasi. Das war die Geheimpolizei der DDR, die die Menschen, die sich gegen die Diktatur der SED auflehnten, finden und verhaften sollte. Die Stasi-Mitarbeiter legten Akten über die Menschen an, in denen sie aufschrieben, was sie belauscht und beobachtete hatten. Heute sind diese Akten in einem Archiv gesammelt und jeder kann sie lesen. Manche Menschen haben erst nach dem Fall der Mauer aus solchen Akten erfahren, dass sie zu DDR-Zeiten beobachtet wurden.

treue Mitarbeiter des Ministeriums für Staatssicherheit durften sich dort aufhalten. Dann kam Reagan und hielt eine Rede und sagte etwas, was niemand erwartet hatte. Er sagte: »Mister Gorbatschow, öffnen Sie dieses Tor! Mister Gorbatschow, reißen Sie diese Mauer nieder!«

So viele Jahre stand die Mauer nun schon. Ronald Reagan hatte offen und direkt das einzig Richtige verlangt: Diese Mauer musste sofort eingerissen werden. Andere Politiker hatten versucht, das Leben mit der Mauer für die Menschen zu erleichtern, indem sie der DDR und der Sowjetunion Zugeständnisse abrangen. Willy Brandt etwa hatte das in den Siebzigerjahren getan. Er hatte der DDR versprochen, dass die Bundesrepublik die Eigenständigkeit der DDR respektieren würde. Und dafür hatte die DDR Besuche von West-Berlinern im Osten etwas vereinfacht. Auch konnten die Ost- und die West-Berliner jetzt endlich wieder miteinander telefonieren, nachdem das lange nicht möglich gewesen war. Aber reichte das? War die Mauer nicht einfach unerträglich? Mit welchem Recht sperrte die DDR ihre Bürger ein? Reagan gehörte zu den Politikern, die sagten: »Wir machen keine Zugeständnisse. Was dort geschieht, ist Unrecht.«

So wie Reagan dachten auch viele Menschen in der DDR. All die Jahre hindurch, seitdem die Mauer gebaut worden war, waren es vor allem die Kirchen gewesen, die denen, die sich nicht anpassen wollten, Hilfe angeboten hatten. Nun, Mitte der Achtzigerjahre, waren die Probleme größer denn je. Der Wirtschaft der DDR ging es nicht gut und immer mehr Menschen waren nicht länger bereit, sich alles vorschreiben zu lassen. Sie versammelten sich in den Kirchen, um zu besprechen, wie man das Land besser gestalten könnte.

Auch den Menschen in der Sowjetunion ging es nicht gut. Viele Menschen waren sehr arm, obwohl sie viel arbeiteten. Der Regierungschef der Sowjetunion, Michail Gorbatschow, erkannte das Problem. Er wollte darum in der Sowjetunion mehr Freiheit für die Menschen ermöglichen. Und das hatte natürlich auch Auswirkungen auf andere Länder: Kein Land, das zum Bund mit der Sowjetunion gehörte, dem Warschauer Pakt, durfte damals etwas machen, was den Sowjets nicht gefiel. Und das änderte Gorbatschow. Als der Ministerpräsident von Ungarn, das auch zum Einflussbereich der Sowjetunion gehörte, nach Moskau flog, um Gorbatschow mitzuteilen, dass in Ungarn Einiges geändert werden sollte – da war Gorbatschow einverstanden! Damit hatte niemand gerechnet. Schließlich wollten die Ungarn nicht irgendetwas ändern: Sie wollten die Allmacht der sozialistischen Partei abschaffen. Diese Partei sollte nicht mehr alles vorschreiben dürfen. Die Ungarn fanden außerdem, es sollte mehrere Parteien geben. Und die Grenzen, die wollten die Ungarn auch öffnen. Das waren sehr, sehr große Veränderungen. Und tatsächlich stimmte Gorbatschow zu!

Als die Radio- und Fernsehstationen berichteten, was in Ungarn geschah, brachen viele DDR-Bürger sofort auf. Nach Ungarn durften sie reisen, es gehörte ja auch zum

Warschauer Pakt. Und wenn die Grenze von Ungarn nach Österreich offen war, dann konnten sie nach Österreich reisen und waren im freien Westen. Von dort aus konnten sie überall hin! Leider ließen die Ungarn sie zunächst aber nicht nach Österreich. Ein Abkommen mit der DDR verbot ihnen das, und Ungarn hielt sich daran. Daraufhin kletterten die Menschen über den Zaun in die Botschaft der Bundesrepublik Deutschland in Budapest und verlangten Freiheit. Der ungarische Ministerpräsident gab nach. Er öffnete die Grenzen auch für Deutsche. Zehntausende reisten aus. Sie konnten ihr Glück kaum fassen! Später konnten DDR-Bürger auch in Prag und in Warschau ihre Ausreise über die deutschen Botschaften erzwingen.

In der DDR wuchs die Zahl der Menschen, die verlangten, dass die DDR ein freies Land werden müsse. Die Kirchen öffneten ihre Tore

und die Menschen sangen, beteten und diskutierten. Irgendwann dann gingen sie auf die Straßen und forderten Freiheit. Sie trugen Plakate und Schilder, auf die sie geschrieben hatten, was sie ändern wollten. Am 7. Oktober 1989, dem 40. Geburtstag der DDR, da versammelten sich mehr als 30.000 Menschen auf den Straßen Berlins. Sie wollten die DDR nicht feiern, sie wollten Freiheit. Am Abend ließ die Polizei viele Demonstranten verhaften. Es waren so viele, dass

die Polizeiwagen nicht ausreichten – die Menschen wurden in Lastwagen weggefahren. Die Polizei setzte Wasserwerfer ein und große Räumfahrzeuge. Aber die Leute ließen sich nicht mehr aufhalten. Am 4. November demonstrierten mehr als 500.000 Menschen auf dem Alexanderplatz in Berlin. »Wir sind das Volk!«, riefen sie. Und sie hatten Erfolg. Die Mächtigen der SED wussten nicht mehr, was sie tun sollten – und gaben nach.

In der Leipziger Nikolaikirche gab es schon seit den Achtzigerjahren regelmäßig Friedensgebete. Die Besucher dieser Friedensgebete waren es, die zu allererst aufbrachen, um für Freiheit zu demonstrieren. Von da an demonstrierten immer mehr Menschen – auch in anderen Städten. Weil die Friedensgebete immer Montags stattfanden, nannte man die Demonstrationen »Montagsdemonstrationen«.

Am 9. November verlas der Sprecher der SED, er hieß Günter Schabowski, eine Erklärung. Er nuschelte ein bisschen, aber man konnte ihn trotzdem verstehen: Die DDR öffnete ihre Grenzen. Die Nachricht verbreitete sich in Windeseile. Schon wenige Stunden später hatten sich Tausende an den Grenzübergängen versammelt. Die Wachsoldaten waren verunsichert – eigentlich mussten auch nach der neuen Regelung noch Reiseanträge gestellt werden, und das hatte natürlich keiner der Menschen an der Grenze getan. Doch dann wurden es mehr Menschen und mehr und mehr. Und die Soldaten zogen sich zurück. Die Leute stürmten über die Grenze. 28 Jahre nach dem Bau der Mauer waren sie frei.

Jeder DDR-Bürger, der in den Westen kam, erhielt von der Bundesrepublik Deutschland ein Begrüßungsgeld. 1989 waren es 100 D-Mark, das sind ungefähr 50 Euro. Die Menschen standen in langen Schlangen vor Banken und Postämtern.

Die West-Berliner standen auf der anderen Seite der Grenze. Auch sie waren zu den Grenzübergängen geeilt, als sie die Nachricht erfuhren. Sie jubelten, winkten, weinten, lachten. Einige hatten Blumen mitgebracht, andere Champagner. Menschen, die sich nie zuvor gesehen hatten, fielen einander um den Hals und feierten gemeinsam. Berlin war wieder eine Stadt – und im Ausnahmezustand. Überall, an allen Straßen und Plätzen feierten die Menschen. Die Geschäfte öffneten ihre Tore noch spät nachts. Banken und Postämter blieben die ganze Nacht offen und zahlten das »Begrüßungsgeld« aus. Ganz Berlin war in einem wahren Freudentaumel.

Ab dem 19. Dezember 1989 konnte man endlich wieder durch das Brandenburger Tor laufen.

Helmut Kohl (CDU) war von 1982 bis 1998 Bundeskanzler der Bundesrepublik Deutschland. Er wollte die beiden deutschen Staaten wiedervereinigen, aber nicht gegen den Willen der Menschen in der DDR. Am 19. Dezember 1989 sagte er in Dresden vor vielen tausenden Menschen: »Dies ist eine Demonstration für Frieden, Freiheit und Selbstbestimmung. Wir respektieren das, was Sie entscheiden für die Zukunft unseres Landes. Gemeinsam werden wir den Weg in die deutsche Zukunft schaffen.«

Und dann? Mister Gorbatschow musste nicht anreisen, um die Mauer einzureißen. Das machten die Leute ganz allein: Mit Hammer und Meißel schlugen sie Löcher in den Beton. Die Reste wurden mit Kränen abmontiert und weggefahren. Heute, nach zwanzig Jahren, wissen viele Berliner nicht mehr ganz genau, wo die Mauer gestanden hatte. Denn heute ist Berlin, ganz Berlin, eine freie Stadt.

Mstislaw Rostropowitsch war ein weltberühmter Cellist. Er war selbst in der Sowjetunion aufgewachsen und wusste, wie schlimm es war, in Unfreiheit zu leben. Vom Mauerfall erfuhr er aus dem Fernsehen, als er gerade in Paris war. Sofort flog er nach Berlin. Er ging zur Mauer, packte sein Cello aus und spielte Musik von Johann Sebastian Bach. Und er sagte: »Die Zerstörung dieser Mauer ist das größte der Ereignisse in meinem Leben seit dem 9. Mai 1945. Ich sah Menschen, die vor Freude und Glück weinten. Dank an alle, die diese Freude ermöglicht haben.
DIE MAUER WAR IMMER WIE EIN SCHNITT IN MEINEM HERZEN.«

Impressum

Schupelius, Gunnar und Magdalena:
Als die Mauer stand –
Die Geschichte der Teilung Berlins
1. Auflage der Neuauflage – Berlin: Berlin Story Verlag 2014
ISBN 978-3-95723-027-0

Unter den Linden 40, 10117 Berlin
Tel.: (030) 20 91 17 80
Fax: (030) 69 20 40 059
www.BerlinStory-Verlag.de, E-Mail: Service@BerlinStory-Verlag.de
Illustrationen: Beate Bittner
Gestaltung, Umschlag und Satz: Norman Bösch, Romy Herzog

Bildnachweis:
Archiv AlliiertenMuseum: S. 21l.; Archiv Berlin Story Verlag: S. 44; Bildarchiv Preußischer Kulturbesitz: S. 10u.; Bundesarchiv: - Bild 183-N1113-315, Herbert Donath, S. 6, - Bild 183-1989-1023-022, Friedrich Gahlbeck, S. 58 (auch Umschlag innen), - Bild 183-T1210-0005, Reinhard Kaufhold, S. 46, - Bild 183-A0706-0010-001, Krueger, S. 40, - B_145_Bild-F079009-0032, o.Ang., S. 49 (auch Umschlag innen); Ronny Hopisch: S. 54; JFK Library (public domain): S. 50r.; Landesarchiv Berlin – Fotosammlung –: Umschlag innen (1961, Reagan), S. 36, 50l., Wolfgang Albrecht: Titel, D. Lohse: S. 43, Edmund Kasperski: S. 52o.; Wikimedia Commons (public domain): S. 14u. (auch Umschlag innen), 15, 17, 21r., 22o., 23, 27o., 30, 31, 61u. (auch Umschlag innen); picture-alliance/dpa: S. 61o.; ullsteinbild – Succo: S. 63; US Air Force Historical Research Agency: S. 26 (auch Umschlag innen); US Information Service: S. 35; Wikimedia Commons (unter der Lizenz Creative Commons CC-BY-SA 2.0): Lutz Schramm: S: 51, Sir James: S: 27u.; Wikimedia Commons (unter der Lizenz Creative Commons CC-BY-SA 3.0): Glglgl: S. 10/11, jotquadrat: S. 41 (2), nuclearvacuum: S. 28o., Ssolbergj/MK: S. 28u.; Wikimedia commons / Bundesarchiv / CC-BY-SA: - Bild 183-1989-1219-034, Mittelstädt, Rainer, S. 62o. (auch Umschlag innen), - Bild 183-1986-0416-418, Reiche, Hartmut, S. 52u. (auch Umschlag innen), - B 145_Bild-P047199, Schütz, Klaus, S. 22u., - Bild 183-H26657, S. 12, - Bild 183-W0910-305, Umschlag innen, S. 14o., - Bild 146-1982-181-20, S. 18, - B 145_Bild-P060305, S. 38

WWW.BERLINSTORY-VERLAG.DE